DIE EISKÖNIGIN II

Die Suche nach Olaf

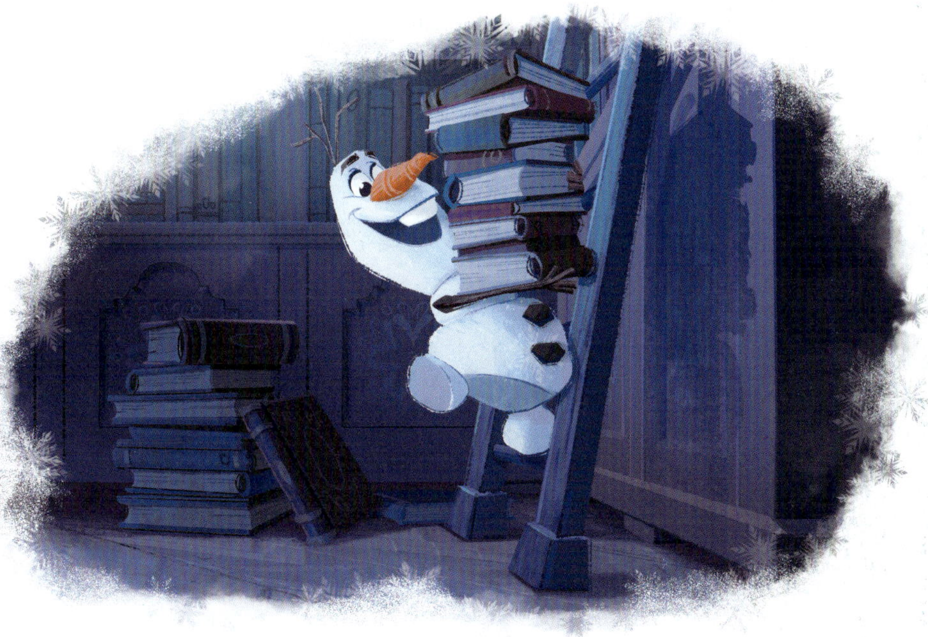

Ravensburger

Bibliografische Information der Deutschen Nationalbibliothek:

Die Deutsche Nationalbibliothek verzeichnet diese Publikation
in der Deutschen Nationalbibliografie.
Detaillierte bibliografische Daten sind im Internet
über http://dnb.d-nb.de abrufbar.

MIX
Papier aus verantwor-
tungsvollen Quellen
FSC® C111262

FSC
www.fsc.org

1 3 5 4 2

Text in Einfacher Sprache: Yvette Wagner
Alle Rechte vorbehalten durch Ravensburger Verlag GmbH
Postfach 24 60, 88194 Ravensburg
Printed in Germany
ISBN 978-3-473-49625-9

www.ravensburger.de

Inhalt

Keine Angst
vor schwierigen Wörtern!
Sie werden dir auf
S. 60 erklärt.

leichter lesen

Spiele·abend im Schloss

Es ist sieben Uhr abends und die Sonne geht langsam unter. Im Schloss von Arendelle läutet die Glocke.
Auf dieses Läuten freuen sich Anna, Elsa, Kristoff und Olaf schon den ganzen Tag. Endlich ist es Abend!

Die Freunde haben immer viel zu tun. Aber für eine Sache nehmen sie sich stets Zeit: für einen Spieleabend.

Heute ist es wieder so weit.
Sie wollen den ganzen Abend
lang spielen und Spaß haben.

Die Freunde treffen sich im
Schloss. Olaf beginnt gleich mit
Scharade.

Er ruft: „Ich fange an!"
Blitz·schnell verwandelt sich
der Schnee·mann. Er sieht nun
aus wie ein Schwein.

Anna fragt: „Wollen wir heute nicht mal etwas anderes spielen?"

Olaf ist verwirrt. Er liebt Scharade. Warum haben seine Freunde keine Lust mehr auf dieses Spiel?

Anna erklärt dem kleinen Schneemann ganz sanft: „Wir spielen schon so lange nur Scharade."

Und Elsa meint zu Olaf: „Und wie du dich verwandeln kannst …" Sie spricht nicht zu Ende, denn sie sucht nach den richtigen Worten. Elsa will Olaf sagen: Sie und die anderen können niemals gewinnen. Denn keiner kann sich so toll verwandeln wie Olaf. Schwupp! Da sieht der Schneemann schon wieder anders aus – dieses Mal wie eine Kanne und eine Tasse.

Anna spricht Elsas Satz zu
Ende: „Wie du dich verwandeln
kannst, ist ziemlich gut."
Olaf denkt an alle Abende, an
denen sie Scharade gespielt
haben.
Da fällt ihm auf, dass sein
Team immer gewonnen hat.

Der kleine Schneemann
überlegt: „Meint ihr, es
ist zu leicht für mich zu
gewinnen?"
Elsa ist froh, dass Olaf selbst
darauf kommt. Sie nickt und
sagt: „Ja, so ist es."
Olaf versteht das. Deshalb
macht seinen Freunden
Scharade nicht so viel Spaß
wie ihm. Jetzt freut er sich
darauf, etwas anderes zu
machen.
Er fragt aufgeregt: „Was sollen
wir denn nun spielen?"

Ein neues Spiel

Elsa schlägt vor, Fangen zu spielen.

Sie erklärt das Spiel: „Einer von uns ist der Fänger. Wenn der Fänger jemanden berührt, muss derjenige still stehen bleiben – wie eine Statue. Aber wenn jemand anders denjenigen berührt, ist er wieder frei und kann wieder weglaufen."

Sich unter dem Sternen·himmel in eine Statue zu verwandeln: Das hört sich spannend und wunderbar an. Schon rennen die Freunde hinaus in den Schloss·hof.

Kristoff, Anna und Olaf rennen im Schlosshof herum. Elsa ist zuerst der Fänger.

Nur einige Sekunden später
streckt sie die Hand aus.
Aus Versehen zaubert Elsa
Eis auf den Boden.

Die Füße ihrer Freunde frieren
auf der Stelle fest.
Elsa sagt: „Oh! Das ist wohl
eine schlechte Idee, wenn ich
Fänger bin."

Sie schlägt vor, dass ein
anderer der Fänger ist.
Anna meldet sich freiwillig.
Anna rennt los und berührt
Kristoff. Jetzt muss er
still·stehen wie eine Statue.

Olaf will Kristoff erreichen
und befreien.
Aber da berührt Anna schon
den kleinen Schneemann.
Jetzt darf sich Olaf auch nicht
mehr bewegen.

Dann versucht Anna, Elsa zu fangen. Da frieren Annas Schuhe schon wieder am Boden fest.

Elsa lächelt verlegen.

Sie hat schon wieder aus Versehen gezaubert.

Elsa meint: „Vielleicht suchen wir besser ein anderes Spiel aus."

Anna hat eine Idee

Anna schlägt Schach vor.
Kristoff überlegt: „Aber
Schach kann man nur zu
zweit spielen."
Anna hat eine Idee.
Sie ruft: „Wir können in
Teams spielen."
Sie stellt das Schach·brett
auf den Tisch und erklärt
die Spiel·regeln. Olaf versteht
die Spielregeln nicht. Er findet
sie zu schwierig. Anna beruhigt
den Schneemann.

Sie sagt zu ihm: „Mach dir keine Sorgen. Du wirst die Spielregeln bald verstehen. Ich helfe dir, denn ich kann gut Schach spielen."
Sie fangen an zu spielen.
Kristoff und Olaf spielen zusammen gegen Elsa und Anna.
Anna macht Schach großen Spaß, sie ist völlig begeistert.
Sie mischt sich immer ein, wenn Kristoff und Olaf eine Spiel·figur bewegen.

Jedes Mal sagt sie: „Hm. Wollt
ihr diese Figur nicht lieber
hier·her·stellen?" Dann greift
Anna über das Schachbrett
und zieht die Figur auf eine
viel bessere Stelle.

Elsa geht mit einem Turm
drei Felder nach vorn.
Anna erschrickt.
Elsa versteht den Hinweis
ihrer Schwester: Sie hat wohl
keinen guten Spiel·zug
gemacht. Deshalb zieht Elsa
den Turm wieder zurück auf
seinen alten Platz.
Anna nickt zustimmend.

Anna hilft jetzt nicht nur
Kristoff und Olaf, sondern
auch Elsa.

Das geht eine ganze Zeit lang so. Irgendwann spielt Anna nur noch gegen sich selbst. So wird aus dem gemeinsamen Spieleabend ein Anna-spielt-allein-Schach-Abend.

Endlich merkt Anna, dass nur sie allein Spaß hat.

Sie sieht ihre Freunde an und lächelt verlegen: „Oh, ich habe euch ganz vergessen. Schach ist wohl auch kein gutes Spiel."

Kristoffs Vorschlag

Nun soll Kristoff ein Spiel
vorschlagen.
Er lächelt und meint: „Ich
dachte schon, ihr fragt mich
nie."
Kristoff führt seine Freunde
in den Ball·saal.
Er sagt: „Für mein
Spiel brauchen wir
ein bisschen
mehr Platz."
Dann erklärt
er das Spiel.

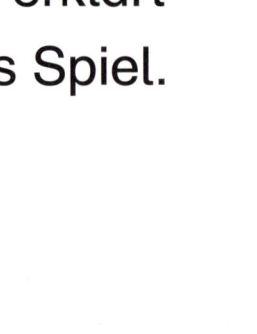

Kristoff hat es immer mit den
Trollen gespielt. Das Spiel heißt
„Wurzeln und Baum·wipfel".
Kristoff sagt: „Bei dem Spiel
gibt es keine Gewinner oder
Verlierer."
Anna wundert sich. Sie fragt:
„Was? Niemand gewinnt?"
Kristoff antwortet: „So ist es:
Niemand gewinnt."

Bei Kristoffs Spiel sollen
die Freunde zusammen einen
Baum darstellen.
Dazu knien sich Elsa und
Anna auf den Boden. Beide
stützen sich fest ab, denn sie
müssen so stark sein wie
Wurzeln und ein Baum·stamm.
Olaf klettert auf die
Schwestern. Der Schneemann
bildet die Äste und den
Baumwipfel.

Anna, Elsa und Olaf machen,
was Kristoff sagt. Aber sie
kippen immer wieder um.
Zu dritt wie ein Baum zu
stehen, ist wirklich schwer!
Kristoff merkt, dass auch
sein Spiel nicht gut ist.

Olaf meint: „Ich glaube, mit Trollen macht es mehr Spaß."
Dann fragt er: „Habt ihr meine Nase gesehen?"
Kristoff sagt: „Ich habe sie."
Er steckt dem kleinen Schneemann die Nase zurück ins Gesicht.
Elsa zuckt mit den Schultern und fragt: „Und was machen wir jetzt?"
Anna sagt: „Wollen wir einen kleinen Happen essen?"

Olaf ist verschwunden

Anna, Elsa und Kristoff gehen in die Küche und machen dort eine kurze Pause. Aber Olaf hat eine bessere Idee.

Er läuft in eine andere
Richtung. Olaf geht dorthin, wo
er immer Antworten bekommt:
in die Bücherei.
Olaf nimmt ein paar Bücher aus
den Regalen. Er trägt sie in
eine gemütliche Lese·ecke. In
den Büchern sucht er nach
dem perfekten Spiel.

Anna, Elsa und Kristoff
kommen nun aus der Küche.
Sie finden Olaf nicht mehr!

Elsa fragt: „Wo ist er hin?"

Sie wissen, dass Olaf

Spieleabende sehr liebt. Er

verpasst nie eine Minute. Aber

warum ist er jetzt weg?

Kristoff ruft: „Ich weiß es!

Er spielt Verstecken!"

Anna ist jetzt ganz aufgeregt.

Sie sagt: „Verstecken

haben wir lange

nicht gespielt!"

Elsa lacht:

„Das ist eine

tolle Idee

von Olaf."

Anna ruft laut ins Schloss
hinein: „Eins, zwei, drei, vier
Eckstein – alles muss versteckt
sein. Wir kommen!" Damit will
sie Olaf sagen, dass es losgeht.

Alle suchen Olaf

Die Freunde suchen im dunklen, stillen Schloss nach dem kleinen Schneemann. Der Boden knarrt und an den Wänden bewegen sich Schatten.

Mitten in der Nacht Verstecken
zu spielen, ist unheimlich und
macht Spaß!
Elsa, Anna und Kristoff
schauen in alle Ecken, hinter
Türen, unter Möbeln.
Sie sehen an vielen Stellen
nach. Aber sie finden Olaf
einfach nicht.

Dann passiert etwas
Seltsames: Elsa ist auch
verschwunden!

Anna und Kristoff teilen sich
auf. Beide durch·suchen weiter
das Schloss. Doch jetzt suchen
sie nach Olaf *und* Elsa.

Auf einmal stoppt Anna. Es ist
ganz ruhig – aber auf
eine seltsame
Weise.
Tick. Tack.
Tick. Tack.

Eben hat sie noch Kristoffs
Schritte gehört. Jetzt hört sie
nur noch ein anderes
Geräusch: das Ticken der
großen Uhr.
Anna rennt umher, sie sucht
Kristoff. Dann merkt sie: Er ist
auch verschwunden.

Das perfekte Versteck

Anna läuft durch die Bücherei
und ist sehr aufgeregt. Anna
fragt sich, wo ihre Freunde
bloß stecken.

Dann öffnet sie eine kleine
Schrank·tür und …
… entdeckt ihre Freunde:
Kristoff, Elsa und Olaf sitzen
in der Leseecke. Viele Bücher
liegen um sie herum.

Anna kichert und sagt:

„Olaf, du hast die Regeln für Verstecken geändert. Normaler·weise sucht einer alle anderen. Jetzt haben alle dich gesucht. Was für ein tolles neues Spiel!"

Olaf schaut zu einem Stapel Bücher und grinst: „Die Bücher haben mir geholfen. Sonst hätte es nicht geklappt. Die Bücher haben mich wunderbar abgelenkt." Olaf hat beim Lesen gar nicht mehr an seine Freunde gedacht.

Anna sagt: „Jetzt verstecke ich mich. Ihr müsst zählen!"
Elsa und Kristoff krabbeln aus der Leseecke, um noch einmal Verstecken nach Olafs neuen Regeln zu spielen.
Olaf meint: „Oh! Ich kann mich auch noch einmal verstecken. Ich muss noch dieses Buch zu Ende lesen."
Deshalb bleibt er weiter in seinem Versteck und steckt seine Nase wieder tief in das Buch.

Arendelle [sprich: A·ren·dell]
König·reich von Elsa und Anna

Scharade [sprich: Scha·ra·de]
Jemand stellt etwas dar. Die anderen
müssen raten, was es sein soll.

Team [sprich: Tihm]
eine Mannschaft

Statue [sprich: Schta·tu·e]
ein Kunstwerk, das einen Menschen oder
ein Tier zeigt

Turm Spielfigur beim Schach

Trolle kleine Wesen, die im Wald leben

Baumwipfel Spitze eines Baumes